AF438804

DE S.C. CYPRIAN,

IADIS EVESQVE DE

Carthage, Du mal qu'apporte l'Enuie & Ialousie du bien d'autrui.

Item,

Vn autre Traité du mesme Cyprian, Touchant la discipline & les habits des filles.

Le tout mis & traduit en François par L. Daneau, Ministre de la Parole de Dieu à Gyan.

Prouerb. 14. 30.

Le cœur doux est la vie de la chair : mais l'enuie est la pourriture des os.

1. Corinth. 7. 34.

La femme qui n'est point mariee, a soin des choses du Seigneur, à ce qu'elle soit saincte de corps & d'esprit.

M. D. LXVI.

CE Traité de Cyprian semble auoir
esté par luy composé apres que l'he-
retique Nouatus eut semé son poison en
l'Eglise, & eut fait à Rome & en Afrique
le scisme qui depuis a duré long temps,
& de là fut porté en Grece & en Asie.
Ce qui est aisé de recueillir de ces mots,
qui sont au nombre quatrieme, (De là
aduient que lon s'auance à faire scismes
& heresies, car on mesdit des Anciens)
tellement que les dissensions de l'Eglise
semblent auoir poussé Cyprian à faire
ce liure. Or d'autant que nous apperce-
uons auiourd'huy les discordes, noises,
piques & dissensions infinies durer entre ceux, qui se disent fideles, de tous lesquels maux l'Enuie & Ialousie du bien
d'autruy est la vraye & premiere origine : pour autant ce liure nous est autant
necessaire, qu'à ceux qui viuoyent du
temps de Cyprian, voire d'autant plus
necessaire, comme ce mal est tellement
auiourd'huy grand & enraciné, qu'il est
incurable entre nous, & y croist tous les
iours. Partant que nous escoutions les

belles remonſtrances de ce ſainct Pere,
comme les admonitions d'vn bon vieil-
lard, ſage & bien experimenté, & conduit de l'Eſprit de Dieu, nous monſtrant
le mal qu'il a veu aduenir de ce vice.
Quant au titre du liure, Cyprian l'a intitulé en Latin par ces deux mots, *De Zelo
& liuore*: par le dernier expliquant la ſi-
gnification du premier, qui en ſoy eſtoit
obſcure & ambigue. Car il eſt tout clair,
que ce mot de *Zelus* en Latin, & de Zele
en François, ſe peut prendre en l'Eſcri-
ture ſaincte, tant en bóne que mauuaiſe
part: mais par tout ici il eſt ſeulemét pris
en mauuaiſe, pour ſignifier vne enuie,
cóme il eſt auſſi pris aux Galat. 5. ver. 20.
Iaq. 3. 16. Act. 13. 45. ce que note auſſi S.
Auguſtin au liure 20. de la Cité de Dieu,
chap. 12. Vn poinct eſt à conſiderer pour
le Traité & matiere de ce liure, aſſauoir,
que Cyprian ſemble contraire au dire
de ſainct Paul, qui eſt en la 1. epiſtre aux
Corinth. chap. 12. verſ. 31. où S. Paul dit,
Soyez zelez, ou conuoiteux, ou enuieux
(car le mot dót il vſe, peut ſignifier tous
les trois) des plus excellens dons. Mais
il y a facile reſponſe à ceſte obiection;
c'eſt que S. Paul parle là d'vn bon zele

& bien conduit, & qui ne nous incite
point à vouloir mal à noftre prochain,
ni eftre ialoux de fon bien, comme fait
celuy dōt parle ici Cyprian. Sainct Paul
donc louë,& nous recōmande vn fainct
zele touchāt les dons fpirituels:Cyprian
condamne vn mauuais zele touchāt les
biens terriens. Or ce liure a efté de telle
authorité entre les Anciens, qu'ils l'ont
cité, & s'en font feruis bien à propos &
fouuét. Sainct Auguftin le cite, & tranf-
crit vingt ou vingtcinq lignes entieres
du commécement de ce Traité en l'œuure par luy intitulé Du Baptefme contre
les Donatiftes,au liure 4.chap.8. lequel
œuure eft mis au tome 7.des œuures du-
dit Auguftin. Item Hierome vfe du tef-
moignage de ce Traité en fes Commé-
taires fur l'epiftre de S. Paul aux Galates
chap.5. & nous, pour le donner plus ai-
fément à entendre à tous, l'auons diuifé
en ces huit petis poincts qui fuiuent.

A.iii.

DV TRAITÉ DE CY-
prian, De l'enuie & ialousie
du bien d'autrui.

Du mal qu'apporte l'Enuie & Ialousie
du bien d'autrui.

Voir Ialousie du bien que tu vois aduenir, & porter enuie à plus heureux que toy, est chose, qui entre quelques vns, Mes freres, est estimee faute petite & legere: & pendant qu'elle est estimee petite & legere, on ne la craint point: pédant qu'on ne la craint poït, on ne s'en soucie point: pendant qu'on ne s'en soucie pas, on ne se donne point aussi garde d'y tomber: & par ce moyen ce nous est vne ruine cachee & impourueuë. Car d'autát qu'elle est peu songneusement preueuë, & non comme il faudroit, afin que ceux qui veulent prédre garde à eux-mesmes, la peussent fuir, elle entre, & tourmente secrettement l'esprit de ceux qu'elle surprend ainsi à despourueu. Mais Dieu nous commáde d'estre prudens, & nous enioint de veiller auec vn soin, qui préne garde à tout, de peur que le diable nostre ennemi, qui veille tousiours, & tousiours nous espie, s'estant vne fois glissé

Matt.10.
16,24.46

1.Pier.5.
8.

dedans nos cœurs, d'vne petite bluette
allume en nous vn grand feu, & de petis
commencemens amaſſe vn grand tas de
mal ; & meſmement lors qu'il nous flat-
tera d'vn doux vent & haleine, & que
nous n'y penſerons pas, & ſerõs laſches,
à l'inſtant il eſleuera de grandes tempeſtes & tourbillons en nous, & taſchera à
la ruine de noſtre foy & ſalut, & à nous
faire tomber au peril & naufrage de la
vie eternelle. Partant, Mes treſchers freres, il faut faire le guet, & de tout noſtre
pouuoir mettre peine que nous reſiſtiõs
par vne ſongneuſe & ſage vigilance à
ceſt ennemi nous tyrániſant, & qui nous
iette ſes dards en tous les ſens & parties
de noſtre corps, par où nous pouuons
eſtre frappez & naurez. Comme meſme
Pierre l'Apoſtre en ſon epiſtre nous en
aduertit, & le nous enſeigne, en diſant,
1. Pier. 5. 8 Soyez ſobres & veillez : car voſtre ad-
uerſaire le diable eſt comme vn lyon ru-
giſſant, & vironne, cerchant quelcun
pour le deuorer. Il vironne donc à l'en-
tour d'vn chacun de nous, & nous eſt
comme vn ennemi, qui tenant ceux d'v-
ne ville enfermez, ſonde & recognoiſt
la muraille, voit s'il y a point quelque

pan ou cofté d'icelle foible & mal affeu-
ré, par l'ouuerture duquel il puiffe entrer au dedans. Et pourtát le diable pre-
fente à nos yeux, & leur fait voir tantoft
quelques beaux vifages, pour nous eftre
plaifirs prompts & amorçans , afin que
par ce regard il combatte noftre chafteté : tantoft il flatte & tente nos aureilles
par quelque douce mufique & chanfon,
afin que le fon d'vn doux chant, effemi-
ne & amoliffe la force & vigueur de
l'homme Chreftien : tantoft par vne iniure iettee, prouoque noftre lágue à mal
dire : tantoft par coups & torts qui nous
font faits, & nous agaffent, il nous incite
à venir à ceft outrage de tuer quelcun:
tantoft pour nous faire trompeurs, il
nous propofe les moyens de faire grans
gains, mais iniuftes:tátoft pour furpren-
dre noftre ame par argent & auarice, il
nous apporte grans emolumens, mais
pernicieux: tantoft pour nous ofter l'affection des honneurs celeftes,il nous en
promet de terriens : tátoft il nous mon-
ftre le faux & le mal, pour no9 arracher
le vray & le bien . Et quand il voit mef-
mement qu'il ne nous peut tromper par
fineffes, il nous menace à bon efcient &

tout ouuertemēt, comme, il nous mon-
ſtrera l'horreur d'vne furieuſe perſecution, pour rendre les ſeruiteurs de Dieu
vaincus & défaillans. Et eſt ceſt ennemi
touſiours mouuant, touſiours malueil-
lant:en temps de paix,fin & ruſé:en tēps
de guerre, violent & cruel . Et partant,
Mes freres,l'eſprit & courage de l'homme Chreſtien doit touſiours eſtre preſt
& armé, ſoit contre toutes les fines em-
buſches,ſoit contre les menaces ouuer-
tes du diable, & doit touſiours eſtre auſſi
preſt à luy reſiſter , que touſiours ceſt
ennemi eſt preſt à l'aſſaillir & l'offenſer.
Or il nous iette plus ſouuent les dards,
leſquels peuuent entrer plus ſecrette-
ment en nous.Car toute fleſche, qui cachee & ſans eſtre veuë peut eſtre tiree,
d'autant plus ſouuent & dangereuſemēt
nous fait playe, cōme elle vient & frap-
pe ſans eſtre apperceuë. Comme en pareil & pour ce propos veillōs auſſi,pour
cognoiſtre & dechaſſer loin de no⁹ tout
ce mal qu'apporte l'enuie & ialouſie du
bien d'autrui , & tout ce dōt il peut ſor-
tir.Que ſi quelcun veut regarder ceci de
pres,il trouuera qu'il n'y a choſe,qui ſoit
plus à fuir à l'hōme Chreſtien,ni à quoy

il doiue plus diligemmét pouruoir, qu'à
ce qu'il ne foit efpris de cefte enuie &
ialoufie du bien d'autrui, de peur qu'il
ne foit empeftré aux fecrets liens de ceft
ennemi trompeur,& qu'il ne fe tue foy-
mefmes de fon propre coufteau fans y
penfer, eftant luy & frere & Chreftien,
& portát haine neantmoins par vne enuie à vn autre qui eft auffi frere & Chreftien. Et à ce que nous puiffions plus
clairement & pleinement recueillir &
comprendre ce mal, venóns au chef, &
à la vraye fource & origine de l'enuie.

 2 VOYONS donques d'où,quãd,
& comment cefte enuie a commencé.
Car plus volõtiers vn mal fi pernicieux
fera par nous fuy, quand l'origine &
grandeur de ce mal nous fera cognuë.
Or c'eft par l'enuie, que tout incõtinent
& dés le commencement du monde le
diable perit le premier, & perdit apres
les autres. Car nonobftant que quant à
luy, il fuft doué d'vne maiefté angelique, qu'il fuft agreable & cher à Dieu,
toutefois apres auoir veu l'homme fait
à l'image de Dieu, d'vn creuecœur du
bien d'autrui, il en eut enuie. En quoy
toutefois le diable n'a nuy de rien à au-

trui par l'inſtinct d'enuie, que premie-
rement & par le meſme il ne ſe fuſt nuy
à ſoy-meſmes : & par elle a eſté fait pri-
ſonnier & captif, premier que d'y prendre les autres: a eſté par ce moyen perdu
premier que de perdre les autres: & premier que par ce deſpit il euſt oſté à l'hóme ce bien de l'immortalité qui luy e-
ſtoit dónee, luy-meſme auoit deſia perdu ce qu'il eſtoit auparauant . Or ie vous
prie, Mes freres, quel & combien grand
eſt ce mal, par lequel vn ange eſt tombé,
par lequel ceſte haute & excellente nature angelique a peu eſtre deceuë & rui-
nee ? par lequel celuy meſme qui deçoit
les autres, a eſté deceu ? Or toute enuie
vient de ceſte premiere ſource, de laquelle decoulant, elle gaſte tout en ce
monde, & eſt engédree en nous par vne
ialouſie du bien d'autrui, & obeit au
maiſtre de toute perdition. Car elle imite le diable qui a porté la premiere en-
Sap.2.24 uie, ainſi comme il eſt eſcrit, Par l'enuie
du diable la mort eſt entree au monde.
Et partant ceux qui en ce imitent le diable, ſont de ſon coſté.

   3 DE LA ſont venues les premie-
Gene. 4.5 res haines entre les deux premiers fre-

res, qui fuſſent au môde : delà ont commencé tous les premiers meurtres dete-
ſtables. Car l'iniuſte Cain eut enuie ſur
Abel le iuſte, & ainſi le meſchant porta
enuie, & fut ialoux du bien du bon. Et
peut tât la fureur de ceſte ialouſie pour
faire cômettre vn tel meurtre, que lors
ne la charité qu'il deuoit à ſon frere, ni
la villenie d'vn tel mesfait, ni la crainte
de Dieu, ni la peine d'vne telle faute ne
luy vint en memoire. Celui donc par enuie fut iniuſtement opprimé, qui le premier auoit demonſtré œuures de iuſtice:
celui ſentit la haine d'autrui, qui n'auoit
onc hay perſonne : celui fut meſcham-
ment tué, qui en mourant ne repugnoit
point. Et ce qu'Eſau deuint ennemi de *Gene. 17,*
ſon frere Iacob, ce fut par enuie. Car *& 37.*
d'autant que Iacob auoit eu la benedi-
ction de ſon pere, de là vint que par les
flambeaux d'vne ialouſie s'alluma la haine & perſecution qu'il luy fit. Et ce que
les freres de Ioſeph le vendirent, la cauſe de le vendre fut d'vn creuecœur qu'ils
auoyêt de ſon bien. Car apres que comme frere il leur eut tout ſimplement ra-
conté comme à ſes freres ce qu'il auoit
veu en ſonges, luy deuoit aduenir d'heur

& de prosperité, leur mauuaise volonté
1.*Sam.* 18 on conçeut vne enuie. Et quant au Roy
Saul, quelle autre chose qu'vn aiguillon
d'enuie le piqua, pour haïr Dauid, & le
vouloir tuer? le persecutant en tant de
sortes, bien que Dauid fust innocent,
misericordieux, paisible, & endurant a-
uec toute douceur ce que Saul luy pour-
chassoit? Car la raison de ceste haine ne
fut autre, sinon qu'apres que le geant
Goliath eut esté tué par Dauid, & qu'vn
tel ennemi eut esté par luy abbatu par
1.*Sam.*15. l'ayde & misericorde de Dieu, le peuple
tout esmerueillé commença à chanter
les louáges de Dauid: dont Saul par vne
ialousie conçeut vne rage d'inimitié, &
mauuaise volonté. Et pour ne le faire
trop long, si ie voulois raconter vn chacun à part, regardons à la cause de la ruine de tout ce peuple, qui perit tout. Les
Iuifs donc ne se sont-ils pas perdus, par
ce qu'ils ont beaucoup mieux aimé porter enuie à Christ, que de le croire? Car
detractans des hauts faits de Christ par
l'enuie qui les aueugloit, ils ont esté de-
ceus tellement, qu'ils n'ont peu ouurir
les yeux de leur esprit, pour cognoistre
les choses diuines qu'il leur disoit. Et

partant, mes trefchers freres, confiderás
ces chofes, regardons à munir diligemment nos cœurs, qui doiuent eftre forts
& dediez à Dieu alencontre d'vn fi grád
dommage, qu'apporte ce mal. Que la
mort des Martyrs ferue à falut, mais que
la peine de ces fols & enuieux ferue de
guerifon à ceux qui veulent eftre fages.

4 EN QVOY auffi il ne faut point
qu'aucun eftime que ce mal d'enuie ne
foit que d'vn genre, ou qu'il puiffe eftre
compris entre petites bornes, & foit de
petite eftendue. Car cefte pefte d'enuie
fi diuerfe & feconde, s'eftend bien loin:
elle eft la racine de tous maux, la fource
de toutes pertes, la graine de tous pechez; & la matiere des fautes que nous
faifons. Car les haines fourdent de là,
l'animofité & le cœur efchauffé procede
de là. L'enuie allume l'auarice en nous,
d'autant que celui qui voit vn autre plus
riche que foy, ne peut viure cótent: l'enuie engendre l'ambition, quand quelcun
voit vn autre efleué plus haut que foy en
honneurs. Par l'enuie, qui ainfi aueugle
nos fens, & tient fous fa puiffance le fe-
cret de noftre cœur, la crainte de Dieu
eft mefprifee, la doctrine de Chrift eft

negligee, & le iour du iugement n'eſt
point par nous preueu. Par ce meſme
mal d'enuie la fierté s'enfle dauantage,
la cruauté s'aigrit, la deſloyauté trompe,
l'impatience s'eſmeut, la diſcorde furit,
la cholere boult. Car celui qui eſt en la
puiſſance de quelque vice, ne ſe peut
côtenir, ni plus gouuerner ſoy-meſmes.
De là vient que le lien de la paix du Seigneur eſt rompu, que la charité fraternelle eſt violee, que la verité eſt falſifiee,
que l'vnité eſt deſchiree, que lon s'auance à faire ſciſmes & hereſies. Car on
meſdit des Anciens de l'Egliſe, on porte
enuie aux Paſteurs, on ſe plaint de ce
que lon n'eſt pas eleu: ou lon deſdaigne
voir vn autre prepoſé, & ne le peut-on
endurer. De là l'orgueilleux prend occa-
ſion de regimber & contredire, & le
meſchant de ſe réuolter de l'Egliſe, eſtás
piquez par vne ialouſie du bié d'autrui,
& non point tant ennemis de l'homme
qui eſt auancé, que de ſon honneur &
auancement.

5 OR IE vous prie, quelle teigne &
ver eſt-ce en l'eſprit de l'homme, quel
venin en ſa penſee, quelle rouille d'eſto-
mach, que de porter enuie ou à la vertu,

ou à l'heur d'autrui ? c'est à dire, de haïr
en autrui ce qu'il merite auoir selon les
hommes, ou ce que Dieu luy donne par
sa grace ? De tourner à son mal & ruine
le bien d'autrui ? D'estre tourmenté de
l'auancement des gens notables ? Que
l'honneur d'autrui nous soit cruciement
& peine d'esprit ? Et se dóner ces fasche-
ries, qui sont vrais bourreaux de cœur ?
Auoir entre ses pensemens, & garder
entre ses sens ces tourmés, qui par dou-
leurs secrettes nous mangent ? & qui es-
poinçonnent & piquent le dedans de
nos cœurs par vn aiguillon de maluueil-
lance, qui est en nous ? Ie croy qu'à telles
gens ni le manger ne peut estre delecta-
ble, ni le boire sauoureux. Car ils souspi-
rent tousiours, ou crient, ou se plaignét:
& d'autant que le creuecœur du bien
d'autrui ne peut iamais estre vomi ni
ietté par l'enuieux, son esprit sans cesse,
& iour & nuict est tourmété & dilanié.
Or tous autres maux & vices ont quelque fin & cesse, & l'acte de tout peché
finit, le peché estant cósommé: Comme
en paillardise, l'acte cesse, la paillardise
estant commise: Au meurtre, l'acte meschant finit, apres l'homme tué: En volle-

B.i.

rie, apres que le volleur a vollé : Au cri-
me de faulseté, apres la faulseté commise, l'acte cesse. Mais l'enuie n'a point de
fin, l'acte en est continuel, & le peché
est sans fin:&, qui pis est, tant plus celui
auquel on porte enuie croist en honneur, d'autant plus l'enuieux par le feu
d'vne ialousie brusle en soy-mesme, &
en son cœur : voire mesmes que souuentefois il aduient de là, que l'on apperçoit
en luy vn visage menaçant, vn regard
farouche, vne face palle, vn tremblemét
de leures, vn grincement de dents, vne
parole rude, des iniures sans raison, les
mains promptes à batre, & combien
qu'elles ne tiennent point d'espee, toutefois elles sont armees d'vne rage de
haine & esprit furieux. Et pourtant le S.
Psal.37.1. Esprit dit aux Pseaumes, Ne portez poît
d'enuie à celui qui chemine en sa voye.
verf.12. & vn peu apres, Le meschant espie le iu-
ste, & grince les dents sur luy : mais le
Seigneur se rit de luy, pour autant qu'il
preuoit que son iour approche. Et sainct
Paul fait mention de ces mesmes en-
Rom.3. i3 uieux, & les descrit, quád il dit, Il y a ve-
Psal.5. nin d'aspic sous leurs leures, & leur bouche est pleine de maledictió & d'amer-

tume: leurs pieds font prompts à efpan-
dre le fang : deftruction & mifere eft en
leurs voyes, & n'ont cognu la voye de
paix:la crainte de Dieu n'eft point deuant leurs yeux.

6 OR pour mieux encore cognoiftre
la grandeur de ce mal, c'eft que tout mal
eft beaucoup plus leger, & tout danger
moindre, quand nous fommes bleffez
de coufteau ou chofe qui apparoift. Car
la cure eft beaucoup plus aifee à faire,
quand la playe fe voit:& la bleffure que
lon peut apperceuoir, eft incontinent
guerie par le remede que lon luy peut
donner. Mais la playe que nous fait l'enuie, eft cachee & couuerte, & ne peut
receuoir l'emplaftre de celui qui la veut
guerir. Car elle fe capit dedans le plus
profond de noftre cœur & confcience.
Or quant à toy, quicõques fois, qui portes enuie, & es ialoux du bien d'autrui,
regarde combien tu es odieux, domma-
geable, & importun à ceux que tu hais:
tant y a que tu n'es ennemi de perfonne
plus grand, que de toy-mefmes, & de
ton falut. Car celui auquel tu portes cefte
enuie, te peut fuir & euiter : mais quant
à toy, tu ne te peux fuir toy-mefme. Car

par tout où tu fuiras , ton propre aduer-
faire, qui eſt ton enuie, eſt touſiours auéc
toy: tu as en ton ſein tõ ennemi , ta per-
te eſt dedans toy-meſme , tu demeures
lié & garroté d'vn nœud de chaines que
tu ne peux deſnouër: tu demeures captif
ſous l'enuie qui te commande , & n'y a
cõſolation qui t'allege . C'eſt vn mal qui
dure , que de haïr celui à qui Dieu de ſa
grace veut faire du bien , cõme fait l'enuieux : & eſt vne faſcherie ſans remede,
que d'auoir en haine vn hõme heureux.
Et pourtãt, mes freres, le Seigneur voulant donner ordre à vn tel danger , & à
ce que perſonne ne puiſſe tomber par le
moyen d'enuie és laqs du diable , ſes diſciples l'ayãs interrogé, qui eſtoit le plus
grand d'entre eux, leur dit , Le moindre
d'entre vous, eſt celui qui eſt le plus grãd.
Par ceſte reſpõſe il a couppé toute mauuaiſe emulation d'entre nous , & a oſté
& retranché toute cauſe & matiere de
nous porter enuie les vns aux autres , &
de nous mordre, tellemét qu'il n'eſt loiſible à celui qui veut eſtre diſciple de
Chriſt, d'auoir ialouſie, ni de porter enuie à aucun . Et n'eſt à propos, qu'entre
nous, qui ſommes Chreſtiens, il y ait au-

Luc 9.45.

cune difpute de s'efleuer l'vn par deffus
l'autre, veu que le moyen d'eftre mis au *Matt.23.*
plus haut, eft noftre humilité, & que no⁹ 12.
fauons que par cefte feule vertu nous
plaifons à Dieu.

7 B R E F, mefme l'Apoftre S. Paul
nous inftruifant & enfeignāt, puis qu'e-
ftans illuminez par la lumiere de Chrift,
& ayans efchappé les tenebres de cefte
conuerfation de nuiɣt & d'ignorance,
nous deuons par ci apres cheminer és
faits & œuures de lumiere, efcrit & dit
ainfi, La nuiɣt eft paffee, & le iour eft *Rom.13.*
approché: reiettons donc les œuures de 12.
tenebres, & foyons veftus des habits de
lumiere: tellemēt que nous cheminions
honneftement cóme de iour, non point
en gourmandifes & yurongneries, non
point en couches & infolences, non
point en noifes & enuie. Si donques
maintenant les tenebres font forties de
ton cœur, fi la nuiɣt en eft dechaffee, fi
l'obfcurité y eft efclarcie, fi la lueur du
iour a efclairé à tes fens, fi tu as cómencé
d'eftre homme de lumiere, fuy les chofes de Chrift. Car Chrift eft le iour & la
lumiere. Pourquoy te precipites-tu és
tenebres d'enuie? Pourquoy te caches-tu

dedans l'obscur de ialousie ? Pourquoy
par vn aueuglissemét d'enuie est eins-tu
toute lumiere de paix & charité que tu
auois? Pourquoy derechef reuiés-tu vers
le diable, auquel tu as renôcé? Pourquoy
te rens-tu semblable à Cain ? Car sans
doute Iean l'Apostre declare en son e-
pistre, que tout homme qui porte enuie
& hait son frere, est meurtrier. Quiconque hait son frere, est meurtrier, & n'a
point en soy la vie eternelle. & derechef, Qui dit qu'il est en lumiere, & hait
son frere, il est en tenebres, iusques à ceste heure, & chemine en tenebres, & ne
sait où il va. Car les tenebres luy ont a-
ueuglé les yeux. Iean donc dit, Qui hait
son frere, il chemine en tenebres, & ne
sait où il va. Car il va, sans y penser, en la
gehenne du feu, & estant ignorant & a-
ueugle, se precipite és peines d'enfer,
d'autant qu'il se retire de la lumiere de
Christ, qui nous aduertit, & dit, Ie suis la
lumiere du môde: qui me suit, il ne chemine point en tenebres, mais il aura la
lumiere de vie. Or celui suit Christ, qui
suit ses commandemens, qui chemine
par la voye de sa doctrine, qui prend les
sentiers & chemins qu'il nous a laissez,

1. Iean. 3.
15.

2. verf 9.

Ieã 8. 12.

& qui imite ce que Chriſt a fait & dit:
ſelon que Pierre meſme nous exhorte
& admoneſte, en diſant, Chriſt a enduré
pour nous, nous laiſſant vn Patron, afin *1. Pier. 2: 21.*
que vous enſuiuiez ſes pas. Et pour au-
tant il nous faut ſouuenir de quel mot
Chriſt appelle ſon peuple, de quel titre
il nomme ſon troupeau. Il les nomme
brebis, afin que nous entendions que *Ieã 10.25*
l'innocence eſt conuenable aux Chreſtiens: il les appelle agneaux, afin que la
ſimplicité de noſtre eſprit ſoit ſembla-
ble à la douce & ſimple nature des a-
gneaux. Pourquoy y aura-il en nous vn
loup caché ſous la peau d'vne brebis?
Pourquoy celui qui fauſſement ſe dit
Chreſtien, deshonorera-il tout le troupeau de Chriſt? Car de prendre le nom
de Chreſtien, & ne cheminer point par
la voye de Chriſt, qu'eſt-ce autre choſe
qu'vn pur abus du nom de Dieu? qu'vn
delaiſſement du chemin de ſalut? Car
Chriſt meſmes prononce & enſeigne,
que celui-là ſeulement vient à la vie, qui
garde ſes commandemens : & que celui *Mat. 24. 46.*
ſeul eſt ſage, qui oit ſes paroles, & les
fait. Pareillement, que celui eſt grand *Luc 11.28*
docteur au Royaume des cieux, qui fait

ainſi, & qui enſeigne ainſi. Item, que lors
ce que le preſcheur aura bien dit, & auec
edification luy profitera à luy-meſme, ſi
par œuures il accóplit ce qu'il prononce
de bouche . Mais qu'y a-il en toute l'Eſ-
criture, que le Seigneur ramentoiue plus
ſouuét à ſes diſciples que ceci? Qu'y a-il
entre tous les ſainǎs aduertiſſemens &
preceptes celeſtes, qu'il nous ait com-
mandé de garder plus diligemment, que
de nous aimer les vns les autres, de meſme affection qu'il nous a aimez? Mais
comment eſt-il poſſible, que celui ait en
ſoy ou la paix ou la charité du Seigneur,
qui boult d'enuie, & ne peut eſtre ni
paiſible, ni ami à perſonne? Et à ce propos S. Paul declarát quels ſont les effets
de la paix & charité Chreſtienne, & a-
pres auoir demonſtré & maintenu eui-
demment, que ni foy, ni aumoſne, ni
mort meſme enduree par vn martyre, &
pour la confeſſion du Nom de Dieu, ne
luy peut de rien profiter, s'il ne garde l'v-
nion d'vne entiere & inuiolable charité, adiouſte à la fin, & dit ces mots, Charité ne ſe courrouce pas aiſémét, charité
eſt benigne, charité n'eſt pas enuieuſe.
En quoy il demonſtre, que celui ſeul a

Mait.7.
26.

Ieã 15.12.

1.Cor.13.
4.

vne vraye charité, qui ne ſe courrouce
pas aiſément, qui eſt doux & benin, &
qui eſt en ſon cœur loin de toute enuie,
& ialouſie du bien d'autrui. Cóme auſſi
le meſme Apoſtre en autre paſſage, nous
aduertiſſant comme il faut que l'homme
plein du S. Eſprit, & qui par vne natiuité
celeſte eſt fait enfant de Dieu, ſuiue &
s'adonne ſeulemét aux choſes ſpirituel-
les & diuines, met, & dit ainſi, Et moy, 1.Cor.3.1
freres, ie n'ay peu parler à vous comme
à ſpirituels, mais cóme à charnels: comme à enfans en Chriſt, ie vous ay donné
du laict à boire, & non point de la viande. Car vous ne la pouuiez encore porter, meſme maintenant ne la pouuez-
vous pas encore, par ce que vous eſtes
encore charnels. Car comme ainſi ſoit
qu'il y ait entre vous enuie, & noiſes, &
partialitez, n'eſtes-vous pas charnels, &
ne cheminez-vous pas ſelon l'homme?
Or, mes freres, il faut deſtruire en nous
ces vices & ces pechez charnels, & par
la force de l'Eſprit fouler à beaux pieds
la malheureuſe corruption de ce corps
terrien, de peur que ſi derechef nous re-
tournons à prédre le train du vieil homme, nous demourions empeſtrez és laqs

de la mort:comme de ce l’Apoſtre nous aduertit prudemment, & pour noſtre grand ſalut. Et pourtant, mes freres, dit-il, ne viuons point ſelon la chair. Car ſi vous viuez ſelon la chair, vous mourrez: mais ſi par l’eſprit vous mortifiez les faits du corps, vo⁹ viurez. Car tous ceux qui ſont menez par l’Eſprit de Dieu, ſont enfans de Dieu. Si donques nous ſommes enfans de Dieu, ſi nous auons commencé deſia d’eſtre faits ſes temples : ſi, puis que nous auons receu le S. Eſprit, nous voulons viure ſainctement, & d’vne vie ſpirituelle : ſi nous voulons leuer nos yeux de ceſte terre au ciel : ſi nous voulons dreſſer nos cœurs à Dieu, pour receuoir les biens d’enhaut & diuins, ne faiſons choſe qui ne ſoit digne de Dieu, & de Chriſt, comme meſme l’Apoſtre Paul le nous enſeigne, & dit, Si donc vous eſtes reſſuſcitez auec Chriſt, cerchez les choſes qui ſont en haut, là où Chriſt eſt aſſis à la dextre de Dieu. Penſez aux choſes qui ſont en haut, & non point en celles qui ſont ſur la terre. Car vous eſtes morts, & voſtre vie eſt cachee auec Chriſt en Dieu. Quád Chriſt, qui eſt voſtre vie, apparoiſtra, lors auſſi

vous apparoiſtrez auec luy en gloire.
Parquoy nous Chreſtiens, qui par le Bapteſme ſommes morts , & enſeuelis à
tous les pechez charnels du vieil homme, qui par vne regeneration celeſte
ſommes reſſuſcitez auec Chriſt, penſons
& faiſons les choſes de Chriſt : comme
derechef le meſme Apoſtre nous en aduertit, & dit, Le premier homme Adam 1. Cor. 15.
a eſté fait de terre: le ſecond homme eſt 47.
du ciel: & tel qu'eſt le terreſtre, tels auſſi
ſont les terreſtres, & quel le celeſte, tels
auſſi ſont les celeſtes . Et comme nous
auons porté l'image du terreſtre, nous
porterons auſſi l'image du celeſte . Mais
nous ne ſaurions porter l'image du celeſte, ſinon en ce que nous auons deſia
commencé d'eſtre, nous ſoyons faits
ſemblables à Chriſt. Car en ce faiſant, ce
ſera changer ce que tu eſtois auparauāt,
& commencer eſtre ce que tu n'es pas
encore, afin que la regeneration celeſte,
qui nous eſt dónee, reluiſe en nous: afin
que nóſtre façon de viure reſponde à la
volonté de Dieu: afin que par l'honneſte
& louable vie que nous menerons, Dieu
ſoit glorifié en l'homme: comme Chriſt
meſme nous exhorte à cela , & promet

rendre la pareille à ceux qui l'aurõt glorifié. Ie glorifieray, dit-il, ceux qui me
glorifient, & mefpriferay ceux qui me
mefprifent. Or le mefme Seigneur, &
Fils de Dieu, nous inftruifant quelle eft
la façon de le bien glorifier, & nous y
voulant preparer, & monftrer en quoy
principalement gift ce, que nous foyons
faits femblables à Dieu, dit en fon Euã-
gile ainfi, Vous auez ouy qu'il a efté dit,
Tu aimeras ton prochain, & hairas ton
ennemi. Mais moy, ie vous di, Aimez
vos ennemis, & priez pour ceux qui vo⁹
courent fus, & perfecutét, afin que vous
foyez enfans de voftre Pere qui eft és
cieux, qui fait leuer fon foleil fur bons
& mauuais, & enuoye la pluye fur iuftes
& iniuftes. Que fi c'eft plaifir & hõneur
aux gés de bien d'auoir des enfans femblables à eux, & qu'en cela mefme ils
s'efiouiffent de les auoir engédrez, quãd
ils les recognoiffent femblables à eux
aux traits de vifage & lineamens, combien plus grande eft la ioye de Dieu,
quãd celui qui eft nay de luy fpirituelle-
ment, vit tellement, que par fes fainctes
œuures & faicts honorables il demon-
ftre vne nobleffe, qui fent fon enfant de

Ieã 12.26
1. Sam. 2.

Matth. 5.
43.
Leuit. 19.
18.

Dieu ? Car quelle louange de iuſtice eſt-
ce, quelle couronne, d'eſtre tel, duquel
Dieu ne die point, comme de pluſieurs,
I'ay engendré des enfans, & les ay eſle- *Iſaïe 1. 2.*
uez, & ils m'ont meſpriſé ? Mets dõc pei-
ne pluſtoſt que Chriſt te loüe, & t'ap- *Matt. 25.*
pelle au prix qu'il propoſe, en diſant, Ve- 34.
nez les benits de mon Pere, poſſedez
l'heritage du Royaume qui vous eſt pre-
paré dés la fondation du monde. Voila
donc, mes treſchers freres, par quelles
meditations il faut fortifier ſon eſprit,
& par quels exercices il le faut armer
contre toutes les fleches du diable.

8 AYONS en main la lecture des
lettres ſainctes, ayons en nos cœurs la
penſee de Dieu, faiſons continuellemét
oraiſon à Dieu, perſeuerons en œuures
de ſalut, employons-nous en faicts ſpirituels, afin que toutes fois & quantes
que l'ennemi viendra, toutes fois &
quátes qu'il taſchera d'entrer chez nous,
il trouue noſtre cœur & clos, & armé
contre luy. Car n'eſtimons pas qu'il n'y
ait grande louange à ce faire, & qu'il n'y
ait qu'vne ſeule façon de couronne, que
puiſſe obtenir l'homme Chreſtien, aſſauoir celle qu'il préd aux temps des per-

fecutions. Car le temps de paix & repos
de l'Eglife a auffi bien fes courónes, par
lefquelles apres auoir vaincu & verfé
l'ennemi en plufieurs & diuerfes fortes
de combats, victorieux nous fommes
couronnez de Dieu. Quand en cefte vie
nous auons refrené l'affection de pail-
lardife, nous obtenons la palme de continence. Quand nous auons refifté à l'ire
& à l'iniure, nous auons la couronne de
patience. Quand nous auons mefprifé
en ce monde l'argent & les richeffes,
nous triomphós du vice d'auarice. Quád
nous auons creu les chofes abfentes, e-
fperé aux futures, & enduré les aduerfi-
tez de ce móde, nous obtenós la louange de la foy. Quand quelcun ne s'eft
point orgueilly en fa profperité, il ob-
tiét la gloire d'humilité. Et qui eft prôpt
& enclin à faire bien aux poures, aura
vne recompenfe d'vn threfor celefte. Et
qui n'aura point porté d'enuie en ce móde, ains aura vefcu doucement, & aura
aimé fes freres, il fera honoré du prix
promis à la paix & à la charité. Voila le
ieu & la lice des vertus, où nous courós
tous les iours, & pouuós toufiours paruenir à telles couronnes & honneurs de

iuftice : aufquels afin que toy, qui te dis
Chreftien, puiffes auffi paruenir, nonobftant que tu ayes efté auparauãt plein
d'enuie & de ialoufie du bien d'autrui,
reiette maintenant toute cefte malice,
de laquelle tu eftois detenu, & reforme
toy felon la voye de falut, en fuiuant les
bonnes traces. Arrache de ton cœur les
efpines & mauuaifes herbes, afin que la
femence de la parole de Dieu puiffe fru-
ctifier, & abondamment enrichir ton
cœur, & afin que les femailles fpirituel-
les, que Dieu fait en toy, puiffent rapporter vne riche & grande moiffon. Vomi hors de ton cœur le venin de fiel que
tu y auois, chaffe ce poifon de difcorde,
purge ton cœur, que cefte diabolique &
ferpétine ialoufie du bien d'autrui auoit
gafté : & que toute amertume, qui eft
dedans, foit corrigee par la douceur que
nous fentõs en Chrift. Tu bois & man-
ges *du Sacremét de la croix & paffion
de Chrift. Fay donc, que comme la croix
de Chrift a efté figuree par le bois de
Maram, qui adoucit les eaux ameres,
ainfi que par elle tu fois veritablement
adouci, & que cefte figure te profite au
vray : & ne defdaigne point pour accroi-

ſtre ta ſanté, d'eſtre gueri en la partie, &
par la meſme choſe, dõt tu as eſté bleſſé.
Voici donc qu'il te faut faire. Aime ceux
leſquels tu haïſſois auparauant. Ayes
chers ceux, auſquels tu portois par ci deuant enuie, & en meſdiſois iniuſtement.
Imite les gens de bien, entant que tu
peux. Si tu ne peux en tout eſtre ſi par-
fait que les autres, reſioui-toy auec eux
de leur bien, & fay bonne chere & re-
cueil à ceux qui ſont plus heureux que
toy. Fay que par vne viue charité, que tu
leur portes, tu ſois fait participãt de leur
heur. Fay que tu ſois coheritier auec eux
par vne bonne compagnie & frequen-
tation charitable, & par vn lien de fraternité. Car en ce faiſant, tes pechez te
ſeront pardonnez, comme tu pardonne-
ras aux autres. Tes oblations ſeront re-
ceuës de Dieu, quand tu viendras à luy,
ayant la paix en ton cœur. Tes ſens &
tes penſees ſeront conduites de Dieu,
quãd tu auras ton cœur aux choſes ſainctes & diuines, comme cela eſt eſcrit,
que le cœur de l'homme péſe choſes iu-
ſtes, & Dieu adreſſera ſes pas. Or tu as
tãt de choſes ſainctes, eſquelles tu peux
& dois penſer. Penſe à Paradis, duquel
Cain

Prou.15.

Cain, qui par enuie tua son frere, s'est
banni. Pése au Royaume celeste, auquel
le Seigneur ne reçoit personne, sinon
ceux qui viuent vnanimemét, & en charité. Pense que ceux-ci seuls peuuent é-
stre appellez enfans de Dieu, qui sont
pacifiques, qui estás liez par charité en-
semble, par leur naissance & regeneration celeste, & par l'instruction qu'ils
reçoiuent de la Loy de Dieu, respódent
à la similitude de Dieu & de Christ. Pense que nous sommes deuant les yeux de
Dieu, & qu'il nous voit & iuge, & qu'en
sa presence nous courons par le chemin
de ceste vie & conuersation mortelle, &
que lors seulement nous pourrons paruenir à ce bien de le voir, si maintenant
qu'il nous voit, nous luy plaisons en nos
œuures, & si nous-nous portons tellement, que nous puissions obtenir sa grace & misericorde. Bref, que nous luy
plairons à l'aduenir en son Royaume, si
desmaintenát & dés ce monde ici nous
commençons à luy complaire.

Fin du present Traité de l'Enuie &
Ialousie du bien d'autrui.

C.i.

ADVERTISSEMENT
au Lecteur.

IL n'y a doute que ce Traité de Cyprian, touchant la discipline & habits
des filles, n'ait esté par luy composé à l'i-
mitation de Tertullian, qui auparauant
auoit escrit deux liures touchant la mesme matiere : mais il y a ceste difference
entre eux, assauoir, Que Tertullian a-
dresse en general son propos à toutes
femmes, tant mariees, que non mariees:
Cyprian parle principalement aux filles,
comme il le declare luy-mesme, non pas
que les admonitions faites ici ne soyent
autát vtiles aux femmes mariees, qu'aux
filles : mais Cyprian semble auoir voulu
seulemét, ou traiter ce qu'il voyoit plus
necessaire de son temps, ou suppleer ce
qui sembloit auoir esté omis par Tertullian, qui estoit de parler particulieremét
aux filles. Et ne faut trouuer estrange,
que Cyprian ait escrit apres Tertullian
de la reformation d'vn mesme vice. Car
nous sauons comme aisément les bonnes choses s'oubliét en l'Eglise de Dieu,
& qu'incontinent nous retournós à nostre mal & vomissement, comme dit S.

Pierre. Ce qu'auiourd'huy nous experi-
mentons par trop en nos Eglises refor-
mees: tellement qu'il nous conuient re-
ftablir & releuer, comme ce fainct Pere,
ce que nous voyons corrompu entre
nous, comme entre autres chofes, cefte
ci l'eft bien fort: affauoir, la diffolution,
lafciueté, brauerie & fomptuofité des
habits, fards & attiffemés des femmes,
tant filles que mariees, tant de Cour
qu'autres, & n'y a nation plus defreiglee
auiourd'huy que la Fráçoife en ceci. Or
Cyprian a efcrit ce liure, n'eftant point
encore Euefque, mais defia toutefois de
l'Eglife de Chrift, comme il peut apparoiftre de ces mots, qui font au nóbre 2.
(Et auffi ne nous attribuons-nous point
cefte puiffance & authorité, &c.) Quant
à ce que quelques vns pourroyent efti-
mer, que nous auons mal interpreté &
rédu ce mot, dót vfe Cyprian (*Virginum*)
Filles, & qu'il le faudroit tourner (*Non-*
nains) comme s'il eftoit ici queftion de
reformer les Nonnains & leurs habits,
il fe trompe luy-mefme, quiconque foit.
Car ni du temps de Cyprian, ni de long
temps apres, ce meftier de Nonnains
qu'on appelle, n'a efté trouué, ni pratti-

qué : ce qui appert affez par le difcours
de ce liure, & la conferéce que lon peut
faire des Nonnains, qu'on dit, & de celles dont parle ici Cyprian. Les Nõnains
rendues ont renoncé à leur bien & patrimoine, font renfermees en certain
cloiftre & monaftere, ont façons de viure & d'habits diuerfes que les autres
femmes, & font vœu de garder vne perpetuelle virginité, & continence : chofe
qui n'eft en leur puiffance. Mais ces filles aufquelles parle Cyprian, n'auoyent
aucunement renoncé à leurs biens &
patrimoine, ains le retenoyent, comme
il appert au nombre 6, & 7, de ce liure.
Item elles n'eftoyent, aucunement re-
ferrees, ains viuoyent en tout & par tout
de la mefme façon que les autres, al-
loyent çà & là comme vne chacune des
autres femmes & filles: ce qui apparoift
au nombre 7. en ces mots, (Quand tu
marcheras en public, &c.) Et pour le
troifieme poinct, elles n'auoyent point
voué vne virginité perpetuelle, comme
il appert au nombre 8.de ces mots (Pour
impetrer cefte grace de Dieu de pouuoir emporter, &c.) Tellement que ç'a
efté vne pure corruption de ce liure, &

de l'intention de Cyprian, de rapporter
ce Traité, & le profit que tous en doiuét
recueillir, aux Nonnains: ce que l'auteur
n'a iamais entédu. Ie confesse bien toutefois, que desia dés ce téps-là lon com-
mençoit à attribuer trop de saincteté à
cest estat de virginité, & que depuis elle
est venue en superstition, que lon a fait
vœu à Dieu, comme lon peut recueillir
du liure d'Epiphanius, appellé l'Abregé
de la foy. Mais toutefois les choses n'e-
stoyent corrompues en l'Eglise, ni tirees
en superstition du temps de Cyprian,
comme elles l'ont esté depuis, & comme maintenant elles le sont en l'Eglise
Romaine. Or il est fait mention de ce
liure par S. Augustin au liure 4. de l'œuure par luy intitulé, De la doctrine Chre
stienne: & le recommande grandement,
& nous pour la plus claire intelligence
d'icelui, l'auós diuisé en ces xvij. poincts
qui ensuiuent.

C.iii.

LES POINCTS PRIN-
cipaux de ce Traité.

1 Combien il est necessaire à tous Chrestiens de garder quelque discipline & reigle.

2 Qu'entre autres on doit auoir soin des filles, & veiller sur elles, & les faire obseruer ceste discipline.

3 Que les parures & ornemés d'habits sont choses contraires à l'estat & condition des filles chastes.

4 En quoy consiste la vraye chasteté.

5 Que le deuoir de la fille Chrestienne est de combatre contre ses concupiscences charnelles, & non s'y plaire, ou s'y adonner.

6 La replique que font quelques filles ri-chaudes, quãd elles sont reprises de la somptuo-sité, brauerie, ou lasciueté de leurs habits.

7 Que l'Escriture saincte commande aux femmes toute modestie & edification en leurs habits, & en toute autre chose.

8 A quel vsage il faut employer les riches-ses que Dieu nous donne.

9 Qu'il ne faut vser des biés que Dieu nous donne, ni mal, ni en façon qui puisse apporter scandale.

10 Que c'est aux putains & femmes des-bauchees, ausquelles il faut laisser ceste som-

ptuosité & lasciueté d'habits, fard & attiffement de sa personne.

11 Exhortation aux filles Chrestiennes de
maintenant, à delaisser toutes ces follies & oc-
casions de se perdre.

12 Que cest aduertissement est general pour
toutes femmes, tant mariees, que non mariees.

13 Que ceste excuse, Mon mari me veut ainsi,
n'excuse ni les hommes, ni les femmes mariees,
en leurs habits dissolus.

14 Qu'il faut generalement fuir tout ce qui
peut solliciter nostre chasteté à mal & paillardise, comme coucher de mariees, collations lasci-
ues, estuues, banquets, deuis & propos salles.

15 Que ceste excuse ne peut seruir aux femmes, qui dient, Quant à moy, en faisant ceci, ie
n'y pense point à mal.

16 Qu'il ne faut laisser de viure en toute
modestie, combien que telle vie est fascheuse à la
chair.

17 Consolation adressee aux filles, qui sont
à marier, à ce qu'elles ne s'ennuyent en cest estat
& condition.

C.iiii.

TRAITÉ DE S. C. CY-
prian, iadis Euesque de Carthage, touchant
la discipline & habits des filles.

A discipline & reigle des Chrestiés, est à bő droict appellee la gardienne de noftre esperance, l'arreft de noftre foy, la guide du chemin de falut, le fouftien & entretenement d'vne bonne nature, la maiftreffe de toute vertu. Car elle fait que nous demourons touſiours en Chrift, & que continuellement nous viuons en Dieu, & que nous paruenons à la ïouiffance des promeffes celeftes, & au prix que Dieu nous propofe. Partant c'eft vne chofe fort fainĉte que de la fuiure, & au contraire chofe fort dăgereufe que d'y contrarier, ou de la mefprifer. Ce que nous declare le fainĉt Efprit aux Pfeaumes, en difant, Apprenez difcipline & inftruĉtion, que parauenture le Seigneur ne fe courrouce, & que ne periffiez de la voye, quand incōtinent fon ire s'embrafera deffus vous. Et derechef aux mefmes Pfeaumes, Mais Dieu a dit au mefchant, Qu'as-tu que faire de ra-

Pfal.2.10

Pfal.50. 16.

conter mes ordonnances, & de prendre
mon alliance en ta bouche, veu que tu
hais toute correction & discipline, & as
ietté mes paroles derriere toy? Et en autre passage nous lisons, q̃ celui qui reiette la discipline, est malheureux. Or outre
nous auons appris de Salomon les com- Prou.3.11
mandemens de la Sagesse, qui nous in-
struit, & dit ainsi, Mon fils, ne refuse la
discipline, & chastiement du Seigneur,
& ne te fasche point pour sa correction:
car le Seigneur chastie celui qu'il aime.
Or cõme le Seigneur corrige celui qu'il
aime, & le corrige pour le rendre meilleur, ainsi faut-il estimer que les freres,
& sur tous les Surueillans & Ministres,
ne haïssent pas, ains aiment ceux qu'ils
reprénent & corrigent. Car ceci mesme
a esté dés long temps predit par le Pro-
phéte Ieremie deuoir estre fait, & a si-
gnifié ce que lon feroit de nostre temps,
en disant, Et vous dõneray des Pasteurs Iere.3.15.
selon mon cœur, lesquels vous paistront
en science & discipline. Or dõques puis
que si souuent & en tant de passages des
sainctes Escritures la discipline nous est
commandee, & que le fondement de
nostre foy & religion vient de la crain-

*Pſal.*19.
12.

te & obſeruation des Commandemens
de Dieu, qu’y a-il, que nous deuions appeter plus ardemment, ou vouloir & tenir plus conſtammēt, que par le moyen
de ceſte diſcipline demeurer fermes cô-
tre toutes les tempeſtes & tourbillons
de ce monde, l’ayant enracinee bien-a-
uant en nous, & par icelle ayans baſti
noſtre demeurâce ſur vn roc fort & fer-
me, afin qu’en ſuiuant les Commandemens de Dieu, nous puiſſions iouir de
ſes dons? Car il faut que nous conſide-
rions, & ſoyons tous reſolus, que nos
membres ſont les temples de Dieu, &
qu’ils ont eſté purgez par la ſanctifica-
tion du Bapteſme & lauement viuifiant,
de toute ordure de leur vieille & premiere corruption, tellement qu’il n’eſt

1.*Cor.*6.
15.

auiourd’hui loiſible de les violer ou
ſouiller en façon que ce ſoit, attédu que
celui qui les ſouille, ſe ſouille ſoy-meſ-
me. Et quant à nous, Dieu nous a mis les
concierges & gardiens de ces temples.
Partant, ſeruons à celui, de la maiſon duquel nous ſommes. Comme meſmes
Paul en ſes epiſtres met & monſtre les
choſes, eſquelles nous deuons eſtre in-
ſtruits ſelon la doctrine de Dieu, pour

bien cheminer en ceste vie: Vous n'estes 1.Cor.6.
pas, dit-il, à vous mesmes, car vous estes 19.
achetez de prix : glorifiez donc Dieu &
le portez en voftre corps. Regardons
donc à glorifier & porter le Seigneur en
vn cœur pur & munde, & par œuures, &
par vne obferuation meilleure que iamais, de fa volonté, afin que nous, qui
fommes rachetez par le fang de noftre
Seigneur Iefus Chrift, obeiffions aux
commandemés de noftre Redempteur,
par toutes les fortes de feruice & obeif-
fance, que nous luy pouuons rendre, &
mettós auffi peine, que rien ord ne falle
ne foit apporté au temple de Dieu, de
peur que luy eftant offenfé de cela, il ne
delaiffe le fiege qu'il auoit auparauant
pris en nous. Car voici les paroles du
Seigneur, lors qu'en vn mefme inftant il
gueriffoit & enfeignoit, foignoit de no',
& nous admpneftoit: Voici, dit-il, tu es Iean.5.14
gueri, ne peche plus deformais, qu'il ne
t'auienne pis. En quoy le Seigneur nous
donne reigle de viure, & vne Loy &
Commandement de nous maintenir en
fainéteté. Car apres qu'il nous a gueris, il
ne nous permet pas de no' defbaucher,
& de n'auoir plus aucunes refnes, & fe

lafcher: mais il menace plus grieuement
celui qui s'adonne derechef au mefme
mal, dont il auoit auparauant efté gueri:
d'autant que la faute de celui qui peche,
premier qu'auoir cognu Dieu, eft beaucoup moindre, que de celui qui peche
l'ayãt cognu. Car apres qu'il a commencé à cognoiftre la volonté de Dieu, il ne
peut plus pretendre aucune excufe de
pecher. Or tant hommes que femmes,
tant enfans que filles, bref, tout fexe &
tout aage, doit prendre garde à vn tel
aduertiffement, & faire pour la crainte
& foy qu'ils doiuét à Dieu, que ce qu'ils
fauent & entendent par la grace que
Dieu maintenant leur fait, eftre chofe
faincte & bonne, ne foit par eux mefprifé, faute d'en auoir eu foin & crainte.

2 MAIS pour cefte heure c'eft à
vous, Filles, aufquelles mon propos s'a-
dreffe, defquelles comme la louange fera plus grande, auffi le foin de veiller fur
vous doit eftre plus grãd. Car vous eftes
la fleur de tout le germe de l'Eglife, l'hô-
neur & ornement entre les graces de
Dieu, la creature du naturel d'efprit le
plus doux & gracieux, œuure non corrompu, mais encores entier, louable &

honorable: l'image de Dieu pour imiter
sa saincteté, & la plus belle partie du
troupeau de Christ. Car c'est par vous
que l'accroissement & fecundité de l'E-
glise vostre mere florira, & tant plus vostre nombre multipliera, tãt plus la ioye
de l'Eglise croistra. C'est donc à celles-là
à qui principalement nous parlons ici:
c'est celles-là que nous exhortons ici,
plus par vne saincte affection que nous
auons enuers elles, que de puissance que
nous prenions sur elles. Et ce que nous
faisons ici, n'est pas que nous ne sentiós
tresbien nostre petitesse, & que nous
sommes les derniers & moindres de
l'Eglise, & aussi ne nous attribuós-nous
pas ceste puissance & authorité de les
corriger: mais c'est, que d'autãt plus que
nous sommes soigneux d'elles, tant plus
aussi nous craignons que le diable les
fasche, & les surpréne. Et n'est pas ceste
nostre crainte en vain, ni nostre peur
pour neant, veu qu'elle tend à leur salut,
& leur seruira pour garder les Commã-
demens du Seigneur, pleins de vie, afin
qu'elles, qui se sont dediees à Dieu, puis-
sent viure & paracheuer ceste course en
esperant grand loyer: & qu'elles ne s'e-

studient à estre ornees ou plaire à autre
qu'à Dieu, duquel elles attendent receuoir le prix de leur saincteté & virginité. Car il le leur dónera, comme il le dit
luy-mesme, Tous ne sont pas capables
de ce mot, mais ceux ausquels il est donné. Car il y a des chastrez, qui sont ainsi
nais du ventre de leur mere : & y a des
chastrez, qui se font chastrez eux-mesmes pour le Royaume des cieux : & y a
des chastrez, qui sont chastrez par les
hommes. Et derechef, le dón de continence & de virginité est loué par la voix
de l'Ange, Ce sont ceux-ci, qui ne sont
point souillez auec les femes, car ils sont
vierges. Ce sont ceux-ci, qui suiuent l'A-
gneau par tout où il va. Or quand l'Escriture parle en ceste façon, ce n'est pas
qu'elle promette aux hommes seulemét
le prix de saincteté & continence, &
qu'elle en vueille exclurre les femmes:
mais par ce que la femme est prise de
l'homme, & formee de sa coste, & en est
commé vne partie, pour cela presque en
toute l'Escriture le propos s'adresse aux
hommes. Car l'hóme & la femme sont
deux, faits d'vne chair, & sous le nom de
l'homme la femme est ordinairement
comprise.

Matt 19.
11.

Apoc.14
4.

3. OR puis que ce don plaiſt à Chriſt, & que la virginité & chaſteté eſt, choſe deſtinée pour le ciel, que doiuent les filles auoir de cõmun auec toutes ces parures & ornemens charnels & terriens par leſquels elles offenſent Dieu, pendant que par ce moyen elles veulent plaire aux hómes, & cependant ne penſent point à ce qui eſt predit, Que ceux-là qui veulent plaire aux hommes, ſerót confus? Car Dieu n'en fera aucun conte, cõme S. Paul le dit, & preſche ſi haut, & ſi clair, Si ie voulois plaire aux hommes, *Gal.1.10.* ie ne ſerois point ſeruiteur de Chriſt.

4. OR la continence & chaſteté ne giſt pas en ce poinct ſeulement, que noſtre corps ſoit entier & pur, mais auſſi elle giſt en l'hóneur, honté & modeſtie que nous deuons auoir en nos habits & accouſtremens, afin que ſuiuant le conſeil de l'Apoſtre, celle qui n'eſt pas ma- *1.Cor.7.* riee, ſoit ſaincte & de corps & d'eſprit. *34.* Car S. Paul nous inſtruit en cela, & dit, Celui qui n'eſt point marié, a ſoin des choſes qui ſont du Seigneur, comme il plaira au Seigneur. Mais celui qui eſt marié, a ſoin des choſes de ce monde, cõme il plaira à ſa femme. Auſſi la fem-

me, qui n'eſt point mariee, & la vierge, a
ſoin des choſes q̃ ſont du Seigneur, afin
qu'elle ſoit ſainĉte de corps & d'eſprit.
Celle donc qui s'eſtime fille & vierge,
ne le doit pas ſeulement eſtre en ſoy,
mais elle doit auſſi eſtre eſtimee & veuë
telle, de peur que quand quelcun la ver-
ra immodeſtement accouſtree, il ne de-
máde, Ceſte femme eſt-elle fille? Il faut
donc qu'eſtant fille, elle ſe demonſtre
fille par tout, afin que l'accouſtrement
du corps ne ſcãdaliſe, & n'oſte l'opinion
du don qui eſt en elle. Car à quelle fin
vne fille veut-elle eſtre pompáte & paree? N'eſt-ce pas cõme ſi elle auõit deſia
vn mari, ou qu'elle en cerchaſt? Au contraire, puis qu'elle eſt fille, elle doit auoir
crainte de plaire, de peur qu'elle ne ſemble appeter ſon deshonneur & dommage. Car eſtát telle, elle ſe reſerue à plaire
à choſes meilleures & plus diuines que
tout ce monde. Celles donc qui n'ont
point de mari, auquel elles puiſſent dire
qu'elles veulent plaire, doiuent eſtre &
perſeuerer pures & nettes, tãt en leurs
corps, qu'en leurs eſprits. Car il n'eſt
nullemét beau, ni bien ſeant, qu'yne fille
s'attiffe pour s'embellir de viſage, ni
qu'elle

qu'elle se glorifie du teint de sa charnure, ni en la beauté de son corps, attendu
qu'elle ne peut auoir plus grand combat
en soy, que contre sa propre chair mesme, & que c'est la plus grande bataille
qu'elle ait à soustenir, que de vaincre &
dompter son corps.

  5 ET Paul crie à si forte & haute
voix, Mais quant à moy, ia n'auiéne que *Gal. 6.14*
ie me glorifie, sinon en la croix de nostre Seigneur Iesus Christ, par lequel le
monde m'est crucifié, & moy au môde.
Et puis que celle qui se dit fille & vierge, estant de l'Eglise de Dieu, se vienne
glorifier en la beauté de sa charnure &
corsage? Mais le mesme Paul dit autre
part, Or ceux qui sont de Christ, ont cru *Gal. 5. 24*
cifié leur chair auec les vices & concupiscences. Et puis que celle qui se dit a-
uoir renoncé aux vices & concupiscences de sa chair, soit trouuee se plaire encore aux mesmes vices, ausquels elle a
renoncé? C'est vne follie. Car lors tu es
surprise & descouuerte, toy fille, telle
que tu es en ton cœur. Car il appert par
cela, que tu te vantes estre vne chose, &
que tu desires en estre vne autre. Tu te
corromps des taches de ceste concupi-

ſcence charnelle, & toutefois tu veux dire que tu es encores entiere & chaſte.

Iſa.40.6. Mais oy Iſaie qui dit, Crie, Toute chair eſt foin, & toute ſa gloire eſt comme la fleur du champ. Le foin eſt ſeché, & la fleur eſt fletrie : mais la Parole du Seigneur demeure eternellement. Partant il n'eſt ſeant à Chreſtien, quel qu'il ſoit, tant moins aux filles, de mettre en ligne de compte leur beauté, ni s'en extoller : ains ſeulement doiuent deſirer la parole de Dieu, & aimer le bien qui demeure eternellement. Que s'il ſe faut glorifier en ſa chair, c'eſt lors que pour le Nom de Dieu elle eſt tourmentee, comme quand vne femme ſe trouuera plus forte & conſtáte à endurer pour la confeſſió du Nom de Dieu, que les bourreaux qui la tourmentent, ne ſont obſtinez à la deſchirer : comme auſſi quand la chair endure le feu, les fers, les tourmens, les beſtes, pour eſtre courónee par vn martyre. Ce ſont là les vrayes & precieuſes chaines d'or de noſtre chair, ce ſont les meilleurs ornemens de corps, que nous ſaurions porter.

6 OR d'autát qu'entre les filles quelques vnes ſont pl⁹ riches que les autres,

& ont plus grãd reuenu, si celles-là veulent monstrer leurs richesses, & dire
qu'elles veulent vser des biens que Dieu
leur a donnez, qu'elles sachent premie-
rement que c'est que d'estre riches. Car
il n'y a riche, sinon celle qui est riche en
Dieu, & n'y à reuenu grand, sinon celui
qui est en Christ : Et les seuls & vrais
biens, ce sont les spirituels, diuins, cele-
stes, & ceux qui nous menent à Dieu, &
qui auec nous demeurent eternellemét
en Dieu. Mais quant aux biens terriens,
& que nous prenons en ce monde, &
qui demourront auec ce monde, il les
nous faut mespriser pour pareille raison
que nous mesprisons le móde mesmes:
aux pompes & plaisirs duquel nous a-
uons renoncé deslors, qu'ayans pris vn
meilleur chemin, nous sommes venus,
& nous sommes rendus au Seigneur.
De ceste mesme cósideration vient aussi
ce à quoy Iean nous resueille & exhor-   1.Ieã 2.15
te, nous fortifiant à cela mesme par ce
dire spirituel & celeste, N'aimez point,
dit-il, le monde, ni les choses qui sont
du monde. Si quelcun aime le monde,
l'amour du Pere n'est point en luy. Car
tout ce qui est au móde (assauoir la con-

D.ii.

uoitise de la chair, & la conuoitise des
yeux, & outrecuidance de la vie, n'est
point du Pere, mais du monde. Et le
monde passe, & sa conuoitise: mais la
volonté de Dieu demeure eternellemét,
comme Dieu demeure eternellement.
Il faut donc aimer les choses eternelles
& diuines, & faut faire toutes choses selon la volonté de Dieu, afin que nous
suiuions les traces & la doctrine de nostre Seigneur, & facions comme luy, qui
nous admoneste & dit ainsi, Ie suis des-
cendu du ciel, non point pour faire ma
volonté, mais la volóté de celui qui m'a
enuoyé. Or puis que le seruiteur n'est
point plus grand que son maistre, & que
celui qui est racheté, doit obeir à celui
qui l'a racheté, c'est bien raison, que no9,
qui voulons estre estimez Chrestiens,
imitions aussi, & facions ce que Christ
nous a commádé, & non pas nostre volonté. Et pour ceste raison, ceci mesme
est escrit, & leu, & entédu, & pour nous
apprendre à le faire, si souuentefois re-
dit par la bouche de l'Eglise: Quicóque
dit qu'il demeure en Christ, doit cheminer comme icelui a cheminé. Partant il
nous faut cheminer en pareille façon, &

par les traces de Christ, & d'vne bonne
emulation s'efforcer à cela. Car c'est lors
proprement que lon voit la profession
de la verité, que nous faisons s'accorder
à l'effect du nom que nous portons : &
lors le loyer est donné au fidele, quand
il fait & met en execution ce qu'il croit.

7 MAIS tu diras, Ie suis riche, &
veux ainsi vser mes biens en accoustremens. Escoute S. Paul, lequel respond à
cela, & te monstrera que pour estre riche, il ne faut laisser d'auoir vn habit, &
accoustrement honneste & modeste, &
te le commande de sa propre bouche:
Que les femmes, dit-il, se parent d'vn   1.Tim. 2.
accoustrement honneste auec vergon-   9.
gne & modestie, non point de tresses, ni
d'or, ni de perles, ou d'habillemés som-
ptueux, mais comme il est seant à femmes, qui par bonne conuersation & façon de viure promettent vne chasteté.
En pareil S.Pierre s'accorde à ceci, & dit
ainsi ; Que l'ornement de la femme ne   1.Pier.3.3
soit point par le dehors en parures, cheueux, ou accoustremens d'habits, ains au
dedans du cœur. Que si ces saincts per-
sonnages admonestét les femmes, mes-
mement mariees, à ce qu'elles se tiennét

en modeſtie, & de leur faire garder par
vne ſainċte obſeruation la diſcipline re-
ceuë en l'Egliſe, leſquelles toutefois ont
ſouuét accouſtumé de s'excuſer ſur leurs
maris, combien à plus forte raiſon faut-
il qu'vne vierge la garde, & ſoit mode-
ſte? laquelle n'a point de telles excuſes,
quand elle s'accouſtre immodeſtement,
& ne peut deſcharger ſur autrui la cou-
uerture de ſa faulté, mais elle demeure
ſeule chargee en ſon faiċt. Repliques-tu
encores, Ie ſuis riche & opulente, & le
peux ainſi faire, & entretenir? Eſcoute
ceci : Tout ce que nous pouuons faire,
nous ne le deuons pas faire pourtant.
Car il ne faut pas mettre en vſage tes
fols deſirs, ni allonger & eſtendre les
vices, qui naiſſent d'vne pure ambition
de ce monde, pour deſtruire l'honneur
& modeſtie de ta virginité, attendu qu'il
eſt eſcrit, Tout m'eſt loiſible, mais tout
n'eſt pas expedient: Tout m'eſt loiſible,
mais tout n'edifie pas . Car tu ne peux à
bon droiċt eſtre excuſee, ni eſtimee chaſte & pudique en ton cœur, quád tu t'a-
genceras ſomptueuſement, quand tu
marcheras en public auecques monſtre,
quand tu allecheras à toy les yeux des

1.Cor.6.
11.

ieunes gens, quand tu traineras apres
toy les foufpirs & vents de plufieurs,
quand tu nourriras en toy ce plaifir de
te faire defirer, quand tu allumeras aux
autres la matiere de peché : quand combien que de toy tu ne periffes point, tu
feras perdre & perir les autres, & quand
tu feras côme vn glaiue & venin à ceux
qui te regarderôt. Si tu penfes lors pouuoir eftre eftimee chafte, ton habit &
attiffement impudic te defment, & ne
peux pl⁹ eftre mife au nombre des vierges & filles de Chrift, puis que tu vis &
te portes en telle forte, que tu te veux
faire aimer.

8 MAIS parauenture tu dis encores,
Ie fuis riche & aifee, & pourtant ie veux
faire ainfi. Or il n'eft beau, qu'vne fille fe
vante de fes biens & richeffes, veu qu'il
eft dit, Que nous a profité l'orgueil? & *Sap.5.8.*
que nous a apporté la vanterie des richeffes? Toutes ces chofes font paffees
comme vne ombre. Auffi que l'Apoftre
dit derechef, & nous admonefte ainfi,
Et que ceux qui achetent, foyent com- *1.Cor.7.*
me ne poffedans point, & ceux qui vfent 30.
de ce monde, comme n'en vfans point:
car la figure de ce monde paffe. Ainfi

Pierre, auquel Dieu commit son troupeau pour le paistre & defendre, sur la foy duquel, il a mis & fondé son Eglise, nie qu'il ait aucun or ou argét: mais ouy bien, qu'il est riche de la grace de Dieu, qu'il est opulent en la foy & vertu d'icelui, & que par telles richesses il fera auec miracle grandes choses, & que par ce moyen il estoit abondant en tous biens spirituels, pour magnifier la gloire de la grace de Dieu. Mais nul de to⁹ ceux qui aiment mieux se voir riches au monde qu'en Christ, ne peut posseder telles richesses, ni tels reuenus. Tu te péses donc estre riche, & t'en vantes, & veux vser, comme tu dis, des biés que Dieu te fait posseder. C'est bien dit, vses-en, mais en choses qui te seruent à salut. Vses-en, mais en bons & honnestes vsages. Vses-en, mais en choses que Dieu commáde, & où il monstre en falloir vser. Fay dóc que les poures sentent que tu es riche, que les indigens cognoissent que tu as grand reuenu. Preste ton bien à Dieu en l'aumosnant. Nourri de tes biens Iesus Christ en ses membres. Fay que tu ayes par ta charité les prieres de plusieurs pour impetrer ceste grace de Dieu, que

tu puiſſes emporter, & continuer ceſte
gloire de ſaincte chaſteté, & que tu puiſſes paruenir au prix que le Seigneur propoſe aux ſiens. Baille là tes threſors en
garde, où aucū larron ne puiſſe fouiller,
où aucun volleur t'eſpiant, ne puiſſe entrer par force. Ie t'accorde bien que tu
t'en acqueres quelques poſſeſſions, mais
les celeſtes pluſtoſt que les terreſtres:
deſquelles ni rouille ne mangera les
fruicts, ni greſle ne les battra, ni ſoleil
ne les bruſlera, ni pluie ne les gaſtera:
mais qui te ſeront continuels & perpe-
tuels, & hors de tout dommage que les
hommes peuuent faire.

9. CAR pour vray tu peches en cela
contre Dieu meſme, ſi tu eſtimes que les
richeſſes t'ayent eſté donnees de luy,
pour en vſer follement. Comme pour
exemple, Dieu a donné la voix à l'homme. Pour cela toutefois il ne la faut pas
employer à chāter ordes & ſalles chan-
ſons, & d'amourettes. Dieu a voulu que
le fer ſe tiraſt de la terre pour la labou-
rer: pour cela toutefois il ne faut pas en
cōmettre meurtres. Ni ne faut pas auſſi
ſacrifier aux idoles ni vin, ni encens, cō-
bien que Dieu ait donné aux hommes

l'encens, le vin, & le feu. Ni fous couleur
qu'en tes metairies tu as force troupeaux
de beftes, il ne t'eft permis d'en immo-
ler. Autrement vn grand reuenu & patrimoine que Dieu nous auroit donné,
nous feroit vne tentation & occafion de
mal faire, fi les richeffes ne deuoyent e-
ftre employees à bons vfages, afin que
le riche par le moyē de fon reuenu puiffe, en exerçant vne grande charité, pluf-
toft racheter & diminuer fes pechez,
que de les augmenter & accroiftre.

10 MAIS qui plus eft, & pour reue-
nir à noftre propos, la fomptuofité, lafciueté, & pompe d'habits, & le fard & attiffement du vifage, ne font feans qu'à
femmes putains & defbauchees. Et
voyons ordinairemēt, qu'entre les femmes il n'y en a point qui porte plus riches & precieux habits, que celles dont
l'honneur & chafteté eft la plus vile &
perdue. Et mefmes en l'Efcriture faincte
par laquelle Dieu nous a voulu aduertir
& inftruire, la cité paillarde nous eft de-
peinte & reprefentee fous la figure d'v-
ne femme attiffee, & ornee curieufe-
ment, laquelle toutefois doit perir & a-
uec fes beaux ornemens, & par tels or-

nemens. Adonc, dit l'Escriture, l'vn des Apoc.17
sept Anges, qui auoyent les sept phioles
parla à moy, me disant, Vien, ie te mon-
streray la damnation de la grande paillarde, laquelle se sied sur plusieurs eaux,
auec laquelle les Rois de la terre ont
paillardé. Ainsi donc il me transporta en
vn desert, & ie vi vne femme assise sur
vne beste. Et la femme estoit accoustree
de pourpre & d'escarlatte, & d'or, & ornee de pierres precieuses, & de perles,
& tenant en sa main vne couppe d'or,
pleine d'abomination, & de la paillardise de toute la terre. Partant que les filles
chastes, & toutes femmes sages, fuyent
d'estre vestues cõme putains, & d'estre
habillees comme impudiques : qu'elles
ne portent point sur soy les bouchons
& marques des bordeaux, ni l'accoustre-
mét des paillardes. Car à ce mesme propos Isaie plein du S. Esprit, crie à haute
voix, & tonne contre les filles de Sion,
qui de son temps se corrompoyent par
leurs habits, & par leur or, & tanse ces
richaudes ici qui en vsoyent mal, & qui
s'escouloyent de la crainte du Seigneur
pour suiure le plaisir de ce monde : Les Isa.3.15.
filles de Sion, dit-il, se sont esleuees, &

ont cheminé le col enleué, & les yeux
affetez, & ont marché, fe guindant &
trainant leur queuë, & font refonner
leurs pas. Mais le Seigneur humiliera
les principales filles de Sion, & le Seigneur reuelera leurs parties honteufes,
& oftera la gloire de leurs habits, & leur
ornemét, & leurs cheueux, & leurs paf-
fefillons, & leurs templettes, & leurs
coiffes, & leurs bracelets, & leurs vafes,
& leurs miróuers, & leurs anneaux, &
leurs bagues qu'elles ont aux aureilles,
& leur foye battue en or & iacinthe. Et
au lieu de fuaue odeur, il y aura puäteur:
au lieu de ceinture, rompure: au lieu de
la treffe des cheueux, pelure. Dieu donc
códamne & reprouue tout ceci, & pro-
nóce que les filles ont efté corrompues
par ce moyen, & que de là elles ont cómencé à fe defbaucher du vray & pur
feruice de Dieu: & partant s'eftans efle-
uees, elles font tombees: s'eftans parees,
elles ont merité d'eftre laides & vilaines.

11   ET ainfi auiourd'huy eft-il de nos
filles. Car eftans veftues de foye & de
pourpre, elles ne peuuent veftir Chrift:
eftans ornees d'or & de bagues, & de
chaines, elles perdent, & ne fe foucient

pas du vray ornement de leur cœur &
esprit. Mais c'est bien perdre l'esprit. Car
qui est celui qui ne fuye & ne reiette ce
qu'il sait auoir esté cause de perdre quelcun? Qui est celui qui cerche & tasche
d'auoir ce qu'il sait auoir esté le couteau
& le trait pour tuer vn autre? Si tu voyois
quelcun mourir incontinent apres auoir
beu de quelque bruuage, qui luy auroit
esté dóné, tu saurois bien par là que c'e-
stoit du venin. Si quelcun mouroit incontinent apres auoit mangé quelque
viande, tu dirois, Elle estoit mortelle,
puis qu'en ayant mangé, il en est mort.
Et ne voudrois ni boire ne manger de
ce dont tu aurois veu vn autre mourir.
Mais en ceci, quelle est, ie vous prie, nostre ignorance & stupidité, quelle & có-
bien grande la follie de nostre esprit, de
vouloir & desirer auoir ce qui a tousiours nuy, & nuit encores auiourd'huy
à celles qui le cerchent? Quelle presom-
ption est-ce de penser que tu ne periras
point de ce dont tu sais bien que toutes
les autres deuant toy sont peries? Et, qui
plus est, Dieu n'a point creé les moutós
ayans la laine teinte en pourpre ou escarlatte, ni nous a point enseignez de

Il faut songneu-semét fuir ce q nous voyons a-uoir esté cause de perdre les autres femmes & filles du peuple de Dieu.

Dieu n'a point dó-né ces or-nemés ni aux hom-mes, ni auxbestes teindre les laines, & leur faire perdre leur couleur par le suc d'herbes, ni par le sang d'huitres, comme lon fait : & ne nous a point donné de chaines d'or naturellement enfilees de pierres precieuses, ni marquees d'or, ni mises en plusieurs redoubles, comme lon les porte, pour cacher le col qu'il a fait, & couurir ce que Dieu a formé de beau en nous, & au contraire porter dessus nous ce que le diable a inueté. Dieu a-il voulu qu'on perçast ses aureilles pour y pendre des bagues, comme la ieunesse auiourd'huy qui est encores innocente, & ignorante de tout ce plaisir mondain, y est affligee & accoustumee ? Pour faire q̃ d'vn trou & playe de nos aureilles, on voye pendre quelques pierres, & beaux grains precieux & pesans, si non pour le poix qu'ils ont, pour le moins pour le grand prix qu'ils coustent ? Toutes lesquelles choses les diables anges, apostats & meschans, ont les premiers trouuees par leur art, & enseignees, apres qu'estans decheus de leur condition celeste, ils s'adonnerent & veautrerent aux plaisirs des femmes terriennes. Ils ont donc enseigné de noircir de poudre noire les

fourcils des yeux, de se faire les ioües
vermeilles d'vne fauffe rougeur, de teindre la couleur de fes cheueux: & à châger
& desfaire par greffes & fards de leur
meschâte inuétion, le propre naif & vray
naturel de tout noftre chef & vifage.

12 EN quoy il me femble bien à propos pour le deuoir de la crainte de Dieu
que la foy nous enfeigne, & pour le deuoir de charité que la fraternité Chre-
ftienne requiert de nous, d'aduertir non
feulement les filles & les vefues, mais
auffi les femmes mariees, & en general
toutes femmes, qu'il ne leur eft loifible
en forte ni partie que ce foit, de fe changer & defguifer, attendu qu'elles font
l'œuure de Dieu, fa facture, & fa façon,
foit qu'elles le facent par oignement
iaulne, foit par poudre noire ou rouge,
foit par autre medicamét & greffe, quelque qu'elle foit, qui corrópe ou obfcur-
ciffe leurs traits & lineamens naturels.
Car l'homme & la femme font l'image
de Dieu, cóme il le dit luy-mefme, Fai- *Gen.1.26*
fons l'homme à noftre image & fem-
blance. Et qu'aucune femme foit fi har-
die de changer & desfaire ce que Dieu
a fait? Telles, pour vray, s'adreffent à

Dieu mefme, quand elles s'efforcent de
reformer & transfigurer en autre forte,
ce que Dieu a ainfi fait & formé en elles. Comme fi elles ne fauoyent pas bien
que ce que nous auõs de nature, eft œuure de Dieu en nous : & que tout ce que
nous en changeons, eft œuure & art du
diable. Et pour voir le tort qu'en cela
nous faifons à Dieu, prenõs le cas qu'vn
fauant peintre euft tiré bien au vif la façon & vifage de quelcun, & la grandeur
de fa perfonne, & y euft mefme repre-
fenté la couleur : & qu'vn autre peintre
moins fauant, depuis fuft furuenu, qui
toutefois comme plus expert, euft voulu mettre fa patte à cefte protraiture, &
corriger & refaire ce que l'autre auroit
bien fait & tiré : Le premier n'auroit-il
pas iuftẽ occafion de fe plaindre du tort
que ce fecond luy auroit fait, luy ayant
ainfi gafté fon ouurage? Mais toy, ce pédant, tu eftimes que l'audace de ta teme-
rité ne fera point punie, ni l'offenfe que
tu fais à Dieu, te contrefaifant? Car encore que tu ne fuffes point iugee impudique au regard des hommes, ni d'vn
efprit defbauché, comme tu peux, ayant
auec toy ce fard comme vn maquereau
de

de ta volonté : ſi eſt-ce toutefois que tu
ne laiſſeras point d'eſtre iugee à bon
droict pire qu'vne putain, ayãt corrompu & gaſté ton naif, qui eſtoit l'œuure
de Dieu en toy. Et ce que tu te perſua-
des eſtre maintenãt plus belle & mieux
attournee, apres auoir fait tout ceci, tu
combas contre Dieu, & falſifies & deſ-
guiſes la verité de ton naturel. Cepen-   1.Cor.5,7
dant voici la voix de l'Apoſtre, qui nous
aduertit, & dit ainſi, Purgez le vieil leuain, afin que ſoyez nouuelle paſte, cõme vo⁹ eſtes ſans leuain. Car noſtre Paſ-
que, aſſauoir Chriſt, a eſté immolé. Parquoy faiſons la feſte, non point auec ce
vieil leuain, ni en leuain de mauuaiſtié
& de malice, mais auec pains ſans leuain, aſſauoir de ſincerité, & de verité.
Mais la ſincerité & verité peut-elle eſtre
& demeurer en nous, quand les choſes
ſinceres qui ſont en nous, ſont par nous
deſguiſees par fauſſes couleurs, par greſ-
ſes fardees, & que la verité eſt par nous
changee en menſonge? Ton Seigneur te
dit, Tu ne ſaurois faire vn cheueu blanc   Matt.5.
ou noir : & péſes-tu eſtre plus forte que   36.
Dieu, pour pouuoir faire dauantage que
la voix & parole de ton Dieu ne te per-

met? Tu te fardes les cheueux par vne entreprise audacieuse, & par vn mespris de Dieu, & te fais vn mauuais presage pour l'aduenir, de commencer à te faire les cheueux roux & flambans:&, ô malheur! gastes mesmes ton chef, c'est à dire, la meilleure partie de toy. Mais nonobstant qu'il soit escrit pour la louange des cheueux blācs, *Son chef & ses cheueux estoyent blācs comme laine blanche & cōme neige: tu as toutefois horreur de te les voir blancs: tu detestes ceste blancheur de ta teste, laquelle est semblable au chef du Seigneur. Toy dōc qui es telle, ie te prie, ne crains-tu point qu'auiour de la resurrection, ton Createur & ouurier ne te recognoisse pas? Et que quand tu t'approcheras pour auoir le prix & promesses qu'il fait aux siens, il ne te chasse & reiette?& qu'il ne te dic en authorité & qualité de correcteur & de iuge, qu'il sera, Ce n'est point ici mon œuure, ce n'est point là nostre image. Car tu as, dira-il, faussement coloré ta peau & ton teint d'oignemens, tu as changé ton poil d'vne fausse couleur: toute ta face est desfiguree de gresses, ta figure naturelle est corrompue, ton vi-

Apoc.14

fage n'eſt plus tien . Tu ne ſaurois donc
voir Dieu , puis que tu n'as plus les yeux
que Dieu t'auoit dõnez, mais tu as ceux
que le diable t'a peins & fardez . Tu l'as
ſuiui,tu as peins tes yeux,& te les as cõ-
trefaits luiſans,pour imiter ceux des ſer-
pens:& comme tu t'es attournee & em-
bellie du luſtre & beauté de ton ennemi le diable, c'eſt bié raiſon que tu bruſ-
les auec luy. Ie vous prie,ne ſont-ce pas
choſes que les ſeruiteurs de Dieu doiuét
penſer ? Ne les faut-il pas craindre iour
& nuiét?

13 PARTANT quãt aux femmes
mariees , qui ont accouſtumé de ſe flat-
ter en ce mal, ſous couleur & couuertu-
re de leurs maris, qu'elles regardent
qu'en ſe voulant ainſi excuſer, elles ne
s'excuſent pas pourtant,mais ſeulement
tirent auec ſoy leurs maris à la commu-
nication de leur faute , & d'vn mauuais
conſentement qu'ils leur donnent . Car
quãt aux chaſtes filles , auſquelles nom-
mément ce preſent Traité s'adreſſe, s'il
aduient que quelques vnes d'entre elles
s'attiffent & parent de telle façon , ie di
qu'il ne les faut point mettre ni tenir au
rãg des filles , mais qu'il les faut dechaſ-

fer du chaſte & ſainct troupeau des autres, comme brebis infectes & galleu-
ſes, de peur que par leur rongne elles ne
gaſtét les ſaines, qui viendroyent à con-
uerſer auec elles, & de peur qu'elles, qui
ſont perdues, ne viennent à perdre auſſi
les autres.

14 OR d'autant que nous demãdons
par quel moyen l'honneur & don de
chaſteté ſe peut garder, il faut prendre
ceſte concluſion, de fuir generalement
tout ce qui luy eſt contraire, & luy peut
porter dommage. Partant ie ne veux
point laiſſer en arriere pluſieurs choſes,
leſquelles ſont venues en vſage, faute
d'y auoir remedié, & qui pour auoir eu
la vogue, & auoir eſté vſitees par ci deuant, ont prins vne licence, cependant
contre toutes bonnes mœurs & pudi-
ques. Comme quoy? Il y a des filles qui
n'ont point de honte d'aſſiſter au coucher des mariees, & de dire meſme le
mot de gueule parmi vn tas d'effrenez,
qui ſe donnent vn congé de tempeſter,
& faire les fols en tels actes. Quoy? qu'v-
ne fille oye ce qu'il n'eſt point permis
de prononcer? Qu'elle l'entéde? Et qu'elle ſoit preſente aux collations pleines

de toute vilenie, & yurongnerie? & où
lon allume le feu de toute volupté, & où
lon encourage l'espoux à bien assaillir,
l'espouse à bien defendre? Qu'a affaire
celle là d'estre au coucher des mariees,
qui n'a pas encore resolu de l'estre? Et
comme peut-elle y prendre plaisir, ou y
assister de bonne volonté, veu que son
vouloir & sa condition est diuerse de
tout ce qu'elle voit faire là? Car, ie vous
prie, qu'apprend-on là? qu'y voit-on? Et
n'y a doute qu'vne fille est d'autant re-
culee de sa chasteté, comme apres auoir
veu cela, elle s'en retourne moins hon-
teuse & pudique, qu'elle n'estoit au par-
auāt. Et combien qu'elle demeure vierge de corps & de volonté, si est-ce que
par ses yeux & aureilles & langue, elle a
diminué beaucoup de la pudicité qu'elle auoit. En pareil, que faut-il dire de
celles, qui vont à ces estuues communes
aux hómes & aux femmes, & qui comme en public mettent & proposent aux
yeux de ceux qui espient toute occasion
de paillardise, leurs corps dediez à toute
honte & pudicité? Quand ces filles-là
ainsi nues voyent & sont veuës des hómes, ue donnent-elles pas vne occasion

E.iii.

& allechement à paillarder ? Ne prouo-
quent & ne follicitent-elles pas par ce
moyen la volonté des hommes qui font
là, à les violer & faire iniure?

15 MAIS tu diras pour t'excufer,
Que les hommes regardent quát à eux,
pour quelle intention ils viennent là,
quant à moy, ie n'y vien pour autre fin,
finon pour me lauer feulement, & net-
toyer vn peu . Mais cefte raifon & de-
fenfe ne te peut feruir , & ne te peut excufer de la faute d'impudicité, & defbau-
chement que tu monftres . Car tel laue-
mét ne te nettoye pas , mais il te fouille:
& ne decraffe pas tes membres, mais les
ordit . Car combien qu'eftát là tu ne re-
gardaffes perfonne auec mauuaife volonté & impudique , toutefois il fuffit
que tu donnes occafion d'eftre regardee
impudiquement . Pren le cas que tu ne
fouilles pas tes yeux, quant à toy, par vn
fale plaifir que tu prennes, toutefois entant que tu le donnes aux autres , tu es
fouillee . D'vne eftuue tu fais vn fpecta-
cle de ta perfonne , & du lieu où tu vas,
vn vilain theatre de ton honneur. Car là
tu defpouilles toute honte, & auffi toft
que tu as mis bas tes veftemens , auffi

depofes-tu toute vergongne & mode-
ftie,& bailles ta virginité à voir,& à ma-
nier.Or cela fait,que lon iuge fi telle fille, mefmes apres s'eftre reueftue, peut
demeurer auffi chafte & honteufe entre
les hommes,comme elle l'eftoit au par-
auant, veu que par cefte hardieffe de fe
mettre nue deuant eux, elle a appris à e-
ftre eshontee. Et de là aduient, que la
compagnie des fideles tant fouuét pleu-
re pour le mauuais gouuernement des
filles,& qu'elle gemit pour les vilains &
deteftables rapports & contes que lon
en fait, & q̃ la fleur des vierges fe perd,
que l'honneur de toute honte & mode-
ftie eft efteint en elles,toute leur louange & dignité eft gaftee,& que l'ennemi
guerroyeur de leur chafteté, par fes fineffes s'infinue en leur endroit, & que
le diable par fes fecrettes embufches fe
gliffe dedans leurs cœurs.Et ainfi aduiét
que quád ces ieunes filles veulent eftre
plus gentes & parees, & fe donner plus
gráde licence qu'il ne faut, qu'elles perdent leur virginité, & fecrettement font
corrópues,& fe font vefues premier que
d'eftre mariees, mais vefues de Chrift,
qu'elles ont perdu, & non d'homme ou

E.iiii.

de mari, & font adulteres pour auoir
fauſſé la foy qu'elles luy ont donnee. Et
pour autant elles ſentiront d'autant plus
grandes peines, pour la faute & ſcanda-
le qu'elles ont donné, ayant en paillar-
dant perdu leur virginité, comme plus
grand honneur leur eſtoit promis, ſi elles ſe fuſſent gardees chaſtes & pudi-
ques. Parquoy ie vous prie, eſcoutez
moy, vous mes filles, comme voſtre pere: eſcoutez moy, comme celui qui vous
veut enſeigner & aduertir du bon chemin: eſcoutez moy, comme celui qui
prend fidelement garde à voſtre ſalut &
honneur. Soyez & demeurez telles cõme le Seigneur voſtre Createur vous a
faites. Demeurez telles cõme les mains
de Dieu voſtre Pere vous a façonnees.
Que la face qu'il vous a dõnee, demeure ſans eſtre par vous peinte ni corrompue, & voſtre col & voſtre viſage pur &
ſimple. Ne permettez point que lon
vous perce des troux, & que lon vous
face playes aux aureilles, ni que vos bras
ſoyent enſerrez de bracelets, ni voſtre
col lié d'aucunes chaines precieuſes, ni
vos pieds eſtraints de courroyes d'or, ni
vos cheueux teints d'aucune autre cou-

leur que de leur naturelle, & que vos
yeux puiſſent recognoiſtre & regarder
Dieu, qui les vous a ainſi faits & dõnez.
Allez vous lauer femmes auec femmes,
auec leſquelles vous le pouuez faire hõ-
neſtement. Fuyez ces feſtins de nopces
laſciues, & collations pleines de mauuais propos, deſquelles il eſt dangereux
s'approcher pour le mal qui s'y voit. Et
toy fille, qui veux eſtre telle eſtimee,
vainc ce plaiſir d'auoir robbe paree, ſur-
mõte ce plaiſir de porter or ſur toy, puis
que tu as vaincu & la chair, & le mõde.
Car cela eſt fort diſſonant de gaigner &
vaincre les choſes les plus difficiles, cõme ce monde, & ſe laiſſer vaincre des
choſes les plus aiſees, comme d'vn ſimple plaiſir d'vne parure d'or ou de robbe.

16 SI ceci t'eſt choſe dure & difficile
à faire, penſe en toy, que la voye de ſalut eſt eſtroite, & le chemin qui meine à
la gloire, aſpre & difficile à monter. Et
toutefois c'eſt le chemin par lequel &
les Martyrs de Dieu doiuent aller, & les
filles Chreſtiennes, & les hommes crai-
gnans Dieu. Car quãt à la voye de mort
& de perdition, elle a la ſente large &
ſpacieuſe, & trouuons en icelle les vo-

luptez allechantes, mais mortelles: là le
diable nous flatte, mais pour no⁹ tromper : là il nous foufrit, mais pour nous
nuire: là il nous alleche, mais pour nous
tuer . Et pour fauoir en quelle edification vous, Filles, vous ferez en l'Eglife,
vous maintenant fagement , c'eft que le
fruict q̃ font les Martyrs, eft auffi grand,
comme quand vn grain en rapporte cét:
& celui que vous faites, eft cõme quand
il en rend foixante . Et comme les Martyrs ne péfoyent ni à la chair, ni au monde , & comme ils n'ont point combatu
lafchement ni douillettemét : ainfi faut-
il que vous, qui auez la promeffe de grace, & de faire fruict le plus grand apres
eux, les fecondiez en vertu & cõftance,
pour refifter à la chair & au monde. Car
ceci eft vray , qu'il n'eft iamais aifé de
monter , & auoir les chofes grandes. Et
pour exemple, combien fuons-nous,
cõbien auons-nous de peine, quãd nous
nous efforçons de monter au fommet
des montagnes ? Que faut-il donc que
nous facions pour mõter au ciel? Et veu
mefmemét que fi tu confideres la grandeur du prix propofé, ce n'eft rien que
tout ce que tu ahannes . Car c'eft l'im-

mortalité qui t'est promise, perseuerant
en bien : c'est la vie eternelle, c'est son
royaume que Dieu promet. Gardez dõc,
vous filles, gardez ce que vous estes: cõ-
tregardez vous chastes, prenez peine
d'estre telles reputees. Vous auez vn
beau prix qui vous est promis, vn grand
loyer de vostre vertu, & vn grand honneur de vostre chasteté.

17 VOVLEZ vous sauoir de quel
mal est priuee, & de quel bien est douee
la vertu de continence, si vous la pouuez
garder? Ie multiplieray, dit le Seigneur à *Gen.3. 16*
la femme mariee, grandement ton tra-
uail & conception: tu enfanteras en trauail tes enfans, & ta volonté sera suiette
à ton mari, & icelui aura domination sur
toy. Vous filles, pẽdant que vous n'estes
point mariees, vous estes exemptes de
ceste peine : vous ne craignez point ni
les cris ni le trauail des enfantemens:
vous n'auez aucune peur en vostre ac-
couchement pour faire receuoir vos enfans: vn mari n'est point vostre maistre.
Vn seul Iesus Christ vous est pour chef
& maistre, & mari, & auez vne condition commune auec ceux qui sont desia
auec lui. Car voila la parole du Seigneur

Luc 20.
34.

qui dit, Les enfans de ce monde pren-
nent, & sont pris en mariage. Mais ceux
qui seront faits dignes d'obtenir ce sie-
cle là, & la resurrection des morts, ne
prendront,ni ne seront pris en mariage.
Car ils ne pourront plus mourir, ains
seront pareils aux Anges de Dieu,estans
enfans de la resurrection. Vous auez cōme desia ce que nous serons, & par ma-
niere de dire, sentez dés ce monde le
fruict de la resurrection. Passez donc par
ce monde, comme n'y estans plus. Pendant que vous estes vierges & chastes,
vous estes en cela semblables aux Anges, pourueu que vous gardiez vostre
chasteté, sans qu'elle soit corrompue:&
comme elle aura bien commencé, ainsi
qu'elle soit maintenue honnestement.
Et pendant qu'estes filles, ne cerchez
point les parures & ornemens d'habits,
ni de chaines,mais de mœurs. Regardez
à Dieu,& au ciel,& n'abaissez vos yeux,
qui doiuent s'esleuer en haut, vers les
plaisirs de la chair & du môde, & ne les
iettez point contre terre. Et combien
que le premier Cōmandement de Dieu
ait esté donné à l'homme pour engen-
drer & multiplier, toutefois depuis le

don de continence, & de n'eſtre point
marié, a eſté donné de Dieu à pluſieurs.
Car pendant que le monde eſtoit encore neuf & vuide, il falloit multiplier les
hommes par la fecundité des mariages,
& accroiſtre le gēre humain. Mais apres
que le monde a eſté rempli d'hommes,
ceux qui ont eu le don de continence,&
de ne ſe marier point, ſe ſont chaſtrez
pour le Royaume des cieux. Et quand
le Seigneur a dit, Croiſſez & multipliez, *Gen.1.28*
il n'a pas fait vn commādement expres
à toūs & à toutes, mais ſeulement vne
exhortation, & ne met point à tous & à
toutes ce ioug, & ceſte neceſſité de ſe
marier,ſi quelques vns ont ce don & li-
berté de s'en pouuoir abſtenir. Mais &
les femmes mariees,& les non-mariees,
ont chambre & demourance en la maiſon de Dieu le Pere. Car comme Ieſus
Chriſt dit, il y a pluſieurs chambres en *Ieā 14. 2.*
icelle: vray eſt qu'entre ces chābres les
vnes ſont meilleures que les autres.Cer-
chez donc les meilleures : ce que vous
ferez, vous chaſtrans des plaiſirs de ce
monde. Car vous obtiendrez au ciel le
prix d'vne plus grāde grace.Et combien
que tous ceux qui viennent par la ſan-

ctification du Baptefme à l'heritage &
prefent que Dieu nous fait, ayent par
l'efficace du Baptefme defpouillé leur
vieil homme, & eftans renouuellez par
le S.Efprit & par vne nouuelle naiſſance
& regeneration, ayent purgé les ordu-
res de leur vieille corruption : toutefois
c'eft en vous, efquelles vne plus grande
faincteté, & verité de cefte natiuité fpi-
rituelle doit apparoiftre . Car vous ne
deuez point encor' auoir de defirs de la
chair & du corps: ains feulemét les chofes qui fentent fon efprit & faincteté,
doiuent eftre demeurees en vous. Car
voici la voix de ceft Apoftre, que le Seigneur a appellé vaiſſeau choifi, & que
Dieu a enuoyé pour publier les commandemens celeftes: Le premier homme, dit ceft Apoftre, eft de terre : le fecond, du ciel. Et quel eft celui qui eft de
terre, tels auſſi font les terreftres: & quel
eft le celefte, tels auſſi font les celeftes.
Et comme nous auons porté l'image du
terreftre, portons l'image du celefte. Or
la chafteté porte cefte image, l'integrité
la porte, la faincteté la porte, & la verité:
& la portét toutes celles qui fe foumet-
tent à la difcipline & reigle de Dieu, &

1.Cor. 15.
47.

qui auec la religion Chreſtiéne gardent vne ſaincte reformation, qui demeurent fermes en la foy, qui ſont humbles auec crainte, qui ſont fortes en toute patiéce, douces en ſouſtenant les iniures qu'on leur fait: faciles à pardonner, paiſibles & accordantes auec tous, ayans vne paix fraternelle. Toutes leſquelles choſes vous deuez garder, Mes bōnes filles, les aimer, & les accomplir, puis que vous vous eſtes rengees à Dieu, & à Chriſt, & que luy voulez ſeruir, & que vous allez deuant toutes les autres femmes pour le don de ceſte meilleure & plus grande grace de continence. Et d'entre vous celles qui ſeront les plus aagees, qu'elles monſtrent bon chemin aux plus ieunes: que celles qui ſont plus ieunes, incitent leurs compagnes. Encouragez-vous les vnes les autres à ſeruir à Dieu, & vous prouoquez à ceſte gloire celeſte par vne ſaincte emulation de vertu. Endurez patiemmét, cheminez ſpirituellemét, paruenez heureuſement: ſeulement ie vous prie qu'ayez memoire de moy en vos prieres, lors que voſtre chaſteté commencera à eſtre parmi nous honoree.

Louange à Dieu.

A ORLEANS,

Par Eloy Gibier, Imprimeur
de ladicte ville.